Η ΜΕΘΟΔΟΣ SIX SIGMA

ΒΑΣΙΚΕΣ ΠΛΗΡΟΦΟΡΙΕΣ

- **Ονόματα:** 6 Sigma, 6 Sigma, 6 σ

- **Χρήσεις:** ποιοτική, ποσοτική και δομημένη προσέγγιση στη διοίκηση επιχειρήσεων.

- **Γιατί είναι επιτυχημένη;** Πρόκειται για μια ακριβή προσέγγιση για τη βελτίωση των βασικών επιχειρηματικών διαδικασιών με αξιοπιστία άνω του 99,99%. Ο στόχος είναι η επίτευξη μέσου όρου 3,4 ελαττωμάτων ανά ένα εκατομμύριο ευκαιριών ελαττωμάτων (όπου 3,8 σίγμα, για παράδειγμα, αντιστοιχεί σε 10 000 ελαττώματα ανά εκατομμύριο).

- **Λέξεις-κλειδιά:**

  - <u>Πελάτες</u>: όλοι οι παράγοντες που ενδιαφέρονται για ένα προϊόν ή μια υπηρεσία

  - <u>Ελάττωμα</u>: ατέλεια προϊόντος

  - <u>DMAIC</u>: διαχειριστική μέθοδος με στόχο τη βελτίωση ενός προϊόντος ή μιας υπηρεσίας

  - <u>Τυπική απόκλιση</u>: διακύμανση ή διασπορά μιας μεταβλητής σε σχέση με ένα κατώτατο όριο (μέσος όρος).

  - <u>Διαχείριση έργου</u>: προσέγγιση που χρησιμοποιείται σε μια εταιρεία για την οργάνωση ενός έργου σε διάφορα στάδια

Η ΜΕΘΟΔΟΣ SIX SIGMA

Αύξηση της ποιότητας και της συνέπειας της επιχείρησής σας

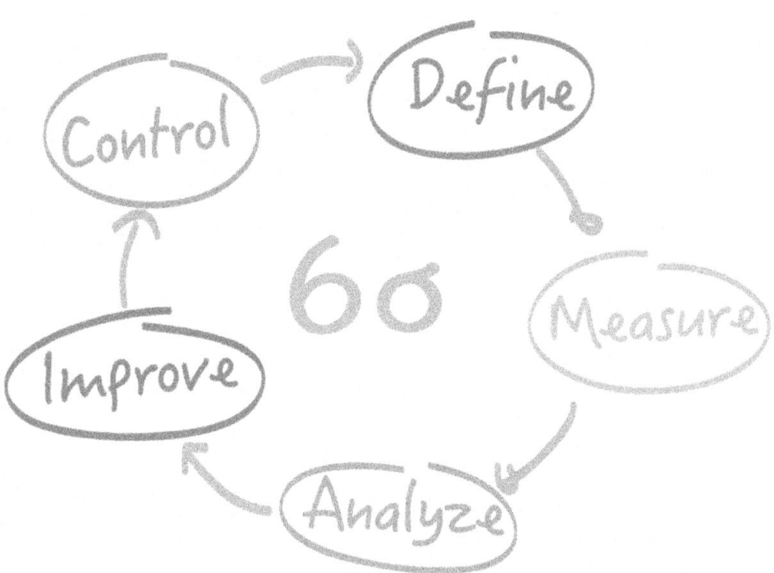

Η ΜΕΘΟΔΟΣ SIX SIGMA

Αύξηση της ποιότητας και της συνέπειας της επιχείρησής σας

γραμμένο από Anis Ben Alaya
μεταφρασμένο από Lina Sideris

- Πληροφορίες: δεδομένα που χρησιμοποιούνται για τη δημιουργία μιας ολοκληρωμένης εικόνας μιας δεδομένης κατάστασης, χωρίς να παραλείπονται λεπτομέρειες

- Στρατηγικός στόχος: επιδιωκόμενη ισορροπία, που περιλαμβάνει δράσεις που οδηγούν στο όφελος μιας ευνοϊκής θέσης στην αγορά

- Στατιστικό εργαλείο: μέθοδος ανάλυσης μιας βάσης δεδομένων, με αριθμητική προσέγγιση

- Απόδοση: αριθμητικό αποτέλεσμα

- Διαδικασία: διάφορα στάδια παραγωγής

- Ποιότητα: καθοριστικά χαρακτηριστικά ενός προϊόντος

- Σίγμα (σ): Ελληνικό γράμμα που αντιπροσωπεύει την τυπική απόκλιση στη στατιστική.

ΕΙΣΑΓΩΓΗ

Αντιμέτωπη με ένα προϊόν που δεν ικανοποιεί αρκετά ή καθόλου τους πελάτες ή την επιχείρηση, η τελευταία μπορεί να αποφασίσει να επανεξετάσει τη ροή εργασίας της (κατασκευή κ.λπ.) προκειμένου να βελτιώσει συγκεκριμένα την ποιότητά του. Η μέθοδος Six Sigma σας επιτρέπει να βαθμονομήσετε νέους στόχους και να μειώσετε την πιθανότητα διακύμανσης στο πλαίσιο μιας διαδικασίας, αφού πρώτα έχει διεξαχθεί λεπτομερής ανάλυση για τον εντοπισμό των ελαττωμάτων που αλλοιώνουν την ικανοποίηση τόσο των πελατών και των εργαζομένων, αλλά και της επιχείρησης.

Ιστορία

Στα μέσα της δεκαετίας του 1980, η αμερικανική εταιρεία Motorola αντιμετώπισε σημαντικές πιέσεις από τους Ασιάτες παραγωγούς, ιδίως τους Ιάπωνες, επειδή το σύστημα παραγωγής της, το οποίο διέφερε θεμελιωδώς από τα ασιατικά συστήματα, δεν φαινόταν πλέον κατάλληλο για την πραγματικότητα της αγοράς. Κατά τη διάρκεια της δεκαετίας του 1970, τα ιαπωνικά εργοστάσια είχαν επικεντρωθεί περισσότερο στην ανθεκτικότητα και την αξιοπιστία και ως εκ τούτου προσέφεραν απλούστερα μοντέλα από εκείνα των αμερικανικών εργοστασίων που έδιναν μεγαλύτερη έμφαση στα στοιχεία ποιότητας (σχεδιασμός μοντέλου, επιλογές κ.λπ.). Τα αμερικανικά εργοστάσια προσέβλεπαν τότε στις επιθεωρήσεις προκειμένου να ελέγχουν τα προϊόντα (μια αναξιόπιστη και δαπανηρή μέθοδος).

Αντιμέτωποι με τη μείωση των κερδών, τα στελέχη της Motorola επέλεξαν τότε να αλλάξουν τη φιλοσοφία τους και να συνδυάσουν τα στατιστικά εργαλεία με τις αρχές της ηγεσίας για να αποτελέσουν τη βάση ενός ολοκληρωμένου συστήματος διαχείρισης: Έξι Σίγμα. Τα αποτελέσματα ήταν άμεσα ορατά, καθώς η ποιότητα των προϊόντων βελτιώθηκε αμέσως. Η διαδικασία άρχισε να διαδίδεται τη δεκαετία του 1990 και υιοθετήθηκε από τη General Electric, η οποία γρήγορα βίωσε τα οφέλη αυτής της μεθόδου διαχείρισης.

Σήμερα, οι περισσότερες μεγάλες εταιρείες έχουν επιλέξει αυτό το σύστημα: Caterpillar, Kodak, SFR, κ.λπ. Το Six Sigma έχει γίνει πρότυπο ποιότητας όσον αφορά την επιχειρηματική πρακτική και διδάσκεται σε πολλές σχολές διοίκησης επιχειρήσεων παγκοσμίως.

👁 ΚΑΛΟ ΕΙΝΑΙ ΝΑ ΓΝΩΡΙΖΕΤΕ

Ακολουθούν ορισμένα παραδείγματα των πλεονεκτημάτων του Έξι Σίγμα:

Η Motorola κεφαλαιοποίησε 2,2 δισεκατομμύρια δολάρια μεταξύ 1986 και 1990,

Η General Electric κατέγραψε μια απόδοση που κυμάνθηκε μεταξύ 7 και 10 δισεκατομμυρίων δολαρίων το 1995 χάρη σε αυτή τη μέθοδο,

Η Bank of America εξοικονόμησε εκατοντάδες εκατομμύρια δολάρια, μείωσε κατά το ήμισυ το χρόνο λειτουργίας της και μείωσε σημαντικά τα περιθώρια λάθους της, τρία χρόνια μετά την υιοθέτηση της μεθόδου το 2001.

Ορισμός του μοντέλου

Το Έξι Σίγμα είναι μια αναλυτική προσέγγιση που βασίζεται σε στατιστικά επαληθευμένα γεγονότα και αποσκοπεί στη βελτίωση της λειτουργίας μιας επιχείρησης (παραγωγή, διοίκηση κ.λπ., με χαμηλότερο κόστος) και στη διασφάλιση της ποιότητας (αξιοπιστία 99,99%) των προϊόντων ή των υπηρεσιών για τους πελάτες. Η μέθοδος αυτή πήρε το όνομά της από ένα συγκεκριμένο στατιστικό εργαλείο: την τυπική απόκλιση, η οποία συμβολίζεται με το ελληνικό γράμμα σ. Στην πραγματικότητα, το Six Sigma χρησιμοποιεί την ανάλυση διαδικασιών για να παρέχει ένα προϊόν σε ένα "χάσμα ποιότητας" (δηλαδή όχι περισσότερο από 3 σ μακριά από το μέσο όρο) που αναμένει ο πελάτης και η εταιρεία. Αυτό επιτρέπει στην εταιρεία να περιορίσει τις διακυμάνσεις και τα ελαττώματα στη διαδικασία.

ΘΕΩΡΙΑ

Οι εταιρείες που χρησιμοποιούν αυτή τη μέθοδο διαχείρισης ποιότητας για τη βελτίωση των προϊόντων τους εστιάζουν σε τρεις προτεραιότητες: πελάτες, εργαζόμενοι και διαδικασίες. Η ιεράρχηση των πελατών σημαίνει ότι μπορείτε να τους εντοπίσετε, να γνωρίζετε τις προσδοκίες τους και να προβλέψετε την προστιθέμενη αξία που θα μπορούσε να τους προσφέρει η εταιρεία. Αυτό φαίνεται προφανές, ωστόσο πολλές εταιρείες τείνουν να ξεχνούν ότι το κέρδος προέρχεται από την ικανοποίηση των πελατών. Οι άλλες δύο προτεραιότητες πρέπει επίσης να βρίσκονται στο επίκεντρο των προβληματισμών της εταιρείας, διότι η παραμέλησή τους θα μπορούσε έμμεσα να προκαλέσει δυσαρέσκεια στους πελάτες – οι τρεις αυτοί τομείς είναι αλληλένδετοι.

Το Six Sigma ακολουθεί δύο μεθοδολογίες. Η χρήση τους εξαρτάται από το πλαίσιο στο οποίο η εταιρεία θέλει να επεκτείνει την παραγωγή της: με επέκταση ή δημιουργία ενός προϊόντος.

DMAIC

Όταν εφαρμόζετε το Έξι Σίγμα για να βελτιώσετε τα αποτελέσματα ενός υπάρχοντος προϊόντος ή υπηρεσίας, πρέπει να ακολουθήσετε την ακόλουθη διαδικασία, που ονομάζεται "DMAIC":

- **Ορίστε.** Καθορισμός των πελατών, των προσδοκιών, του χάρτη της ομάδας με συγκεκριμένα μέτρα για την οργάνωση του σταδίου ανάπτυξης του έργου, της γενικής διαδικασίας και των οικονομικών αποτελεσμάτων.

- **Μέτρο**. Μετρήστε και συλλέξτε δεδομένα (ελαττώματα) της διαδικασίας.

- **Ανάλυση**. Αναλύστε τα δεδομένα που συλλέχθηκαν και τη διαδικασία προκειμένου να εντοπίσετε τα προβλήματα που σχετίζονται με την τρέχουσα κατάσταση.

- **Βελτιώστε**. Καινοτομήστε για τον εντοπισμό πιθανών λύσεων και, στη συνέχεια, εφαρμόστε τις σε μικρή κλίμακα για να δείτε αν βελτιώνουν αποτελεσματικά την απόδοση της διαδικασίας.

- **Έλεγχος**. Ο έλεγχος, η λεπτομερής περιγραφή και η εφαρμογή ενός σχεδίου για να διασφαλιστεί ότι η βελτίωση πραγματοποιείται σε μεγαλύτερη κλίμακα.

DMADV

Η μεθοδολογία DMAIC χρησιμοποιείται για τη βελτίωση ενός υπάρχοντος προϊόντος ή υπηρεσίας. Μια άλλη μεθοδολογία χρησιμοποιείται στην περίπτωση ανάπτυξης και σχεδιασμού ενός νέου προϊόντος ή υπηρεσίας: "DMADV" (Define, Measure, Analyse, Design and Verify).

Το στάδιο του σχεδιασμού στο DMADV περιλαμβάνει την κατασκευή του προϊόντος ή την καθιέρωση της υπηρεσίας. Η ομάδα διασφαλίζει τη συμμόρφωση του προϊόντος.

ΤΙ ΕΙΝΑΙ ΤΟ ΕΞΙ ΣΙΓΜΑ;

Σε τεχνικό επίπεδο, το Έξι Σίγμα βασίζεται στη θεωρία της μεταβλητότητας, που σημαίνει ότι τα πάντα είναι στατιστικά μετρήσιμα όταν συγκρίνονται με μια συνεχή κλίμακα (βάρος, ύψος, ρυθμός κ.λπ.) που ακολουθεί μια καμπύλη σε σχήμα καμπάνας. Αυτή η καμπύλη, που ονομάζεται "καμπύλη Γκάους", είναι συμμετρική και αντιπροσωπεύει ουσιαστικά το 100% των μετρήσεων. Μπορεί να χωριστεί σε διάφορα τμήματα – τυπικές αποκλίσεις που σημειώνονται με το ελληνικό γράμμα σ (σίγμα) – που καθορίζουν τη μεταβλητότητα, ενώ ο άξονας που αντιπροσωπεύεται από το γράμμα μ (μι) είναι ο μέσος όρος που προσεγγίζει κάθε διαδικασία. Όσο ασθενέστερη είναι αυτή η διακύμανση, τόσο περισσότερο η παραγωγή είναι συνεπής με τιμές κοντά στο στόχο.

Η εφαρμογή του Έξι Σίγμα περιλαμβάνει τη μέτρηση της τρέχουσας απόδοσης και, για να γίνει αυτό, είναι απαραίτητο να προσδιοριστεί το σίγμα μεταξύ του πραγματικού μέσου όρου και του μέσου όρου μ, το οποίο δείχνει την τελειότητα του προϊόντος ή της υπηρεσίας και έτσι δείχνει έμμεσα τη μέση ικανοποίηση των πελατών. Θεωρώντας τη δυσαρέσκεια του πελάτη ως ελάττωμα, που υποδηλώνεται από την απόσταση από το βέλτιστο επίπεδο ικανοποίησης, το Six Sigma σημαίνει ότι θα υπάρχουν μόνο 3,4 ελαττώματα ανά ένα εκατομμύριο ευκαιρίες. Σε αυτό το πλαίσιο, η εταιρεία εστιάζει στην ποιότητα που ικανοποιεί τον πελάτη για να επιτύχει σχεδόν την τελειότητα: την κορυφή της καμπύλης μ. Στατιστικά, η απόκλιση δεν μπορεί να είναι αρνητική. Το αρνητικό και το θετικό σίγμα εκφράζουν απλώς την απόσταση μεταξύ του προϊόντος με τη μέγιστη μέση ποιότητα που ικανοποιεί τον πελάτη.

Το Six Sigma (μέσω της καλής διαχείρισης των διαδικασιών) μπορεί επομένως να χρησιμοποιηθεί για να προσδιοριστεί πόσο κοντά βρίσκεται η εταιρεία στα καλύτερα επίπεδα απόδοσης.

Ωστόσο, το Έξι Σίγμα δεν πρέπει να θεωρείται τεχνικό εργαλείο. Οι εταιρείες που επιλέγουν να εφαρμόσουν αυτή τη μέθοδο πρέπει να τη δουν ως μια ευκαιρία που τους επιτρέπει να κατανοήσουν όλα όσα πρέπει να γίνουν για να επιτύχουν σχεδόν την τελειότητα και να βελτιώνουν συνεχώς την απόδοση.

Βέβαια, όταν μια επιχείρηση αρχίσει να μετράει το σίγμα της, μπορεί γρήγορα να αποθαρρυνθεί, ιδίως αν διαπιστώσει ότι πολλές επιδόσεις βρίσκονται σε ένα διάστημα που απέχει από το βέλτιστο (σε ένα επίπεδο με απόλυτη τιμή 1 ή 2 σ). Όμως, είναι απαραίτητο να σκεφτούμε αυτή τη μέθοδο ως μια "πολιτική μόνιμης δυσαρέσκειας" όσον αφορά τα αποκτηθέντα αποτελέσματα. Στην πραγματικότητα, ενθαρρύνει όλους τους εργαζόμενους να μειώνουν συνεχώς τις αποκλίσεις.

ΠΑΙΚΤΕΣ ΕΡΓΟΥ

Πέρα από τις διαδικασίες που περιγράφονται παραπάνω, δεν πρέπει να παραβλέπουμε τη συμβολή άλλων εργαλείων που χρησιμοποιούνται κατά τα διάφορα στάδια της εφαρμογής του Έξι Σίγμα (καταιγισμός ιδεών, διαγράμματα κ.λπ.) για τη συνεχή βελτίωση και συνέχιση της διαδικασίας. Συγκεκριμένα, διάφοροι παράγοντες της κοινωνίας συμμετέχουν σε συζητήσεις και εργάζονται για την επεξεργασία της ανάντη μεθόδου.

Πρώτον, ο **επικεφαλής της εταιρείας** πρέπει να συμμετέχει με τον ένα ή τον άλλο τρόπο στην υιοθέτηση της φιλοσοφίας του Έξι Σίγμα και στη διάδοσή της σε ολόκληρο τον οργανισμό, από την αρχή. Η ομάδα που είναι υπεύθυνη για την εφαρμογή της διαδικασίας βελτίωσης δεν μπορεί να επιτύχει χωρίς την πλήρη υποστήριξή της. Τα άτομα που εργάζονται σε έργα Έξι Σίγμα ανήκουν συνήθως στους πιο αρμόδιους τομείς του οργανισμού. Η ιεραρχία συγκροτείται ως εξής:

- **Οι πρωταθλητές** είναι οι εγγυητές του έργου. Βοηθούν τους Μαύρους Ζώνες να επιλέξουν τα έργα βελτίωσης για να εργαστούν, να εκτιμήσουν τις δυνατότητές τους και να αξιολογήσουν τα προϊόντα της εταιρείας σε σύγκριση με αυτά του ανταγωνισμού. Ο ρόλος των Πρωταθλητών είναι να εξασφαλίζουν την εποπτεία, την υποστήριξη και τη χρηματοδότηση των έργων Έξι Σίγμα και να διαχειρίζονται το προσωπικό που απαιτείται για την υλοποίησή τους. Αποτελούν τους πυλώνες του έργου και γι' αυτό επιλέγονται από τους καλύτερους ανθρώπους.

- **Οι Black Belts** είναι οι επικεφαλής του έργου και οι μόνοι άνθρωποι που εργάζονται με πλήρη απασχόληση σε αυτό. Δεν είναι ασυνήθιστο για αυτούς να έχουν λάβει προηγούμενη εκπαίδευση προκειμένου να καθορίσουν καλύτερα την αποστολή τους και να εφαρμόσουν άμεσα τις πέντε φάσεις της μεθοδολογίας DMAIC που οδηγούν στο Έξι Σίγμα.

- **Οι Πράσινοι Ζώνες** βοηθούν τους Μαύρους Ζώνες στην ολοκλήρωση του έργου. Λαμβάνουν επίσης εκπαίδευση για να μπορέσει η ομάδα να μιλήσει την ίδια γλώσσα και επομένως να εργαστεί για έναν κοινό στόχο.

Το Έξι Σίγμα είναι η πρώτη μέθοδος διαχείρισης που εμπλέκει την κορυφή της πυραμίδας όσο και τη βάση. Πρόκειται για μια διαδικασία που προσδίδει μια ορισμένη δυναμική στην επιχείρηση.

ΠΕΡΙΟΡΙΣΜΟΙ ΚΑΙ ΕΠΕΚΤΑΣΕΙΣ

ΠΕΡΙΟΡΙΣΜΟΙ ΚΑΙ ΚΡΙΤΙΚΕΣ

Το Έξι Σίγμα θεωρείται συχνά ως ένα επαναστατικό και ισχυρό εργαλείο διαχείρισης, χάρη στις επιδόσεις που έχουν καταγράψει πολλές εταιρείες που το έχουν υιοθετήσει. Ωστόσο, όπως όλες οι μέθοδοι, έχει κάποια όρια, τόσο μεθοδολογικά όσο και ορολογικά. Επιπλέον, όπως συμβαίνει με πολλές άλλες οικονομικές πτυχές, υπάρχει διαφορά μεταξύ της θεωρητικής και της πρακτικής πτυχής. Ο Αμερικανός οικονομολόγος George Eckes, ειδικός στο Six Sigma, επισημαίνει τις αποτυχίες που παρατηρούνται συχνά κατά τις εφαρμογές της μεθόδου και προσφέρει ορισμένες συστάσεις:

- **Σκεφτείτε ότι η βελτίωση της ποιότητας δεν προκύπτει μόνο από τη βελτίωση των στατιστικών στοιχείων.** Η αυστηρότητα και η πειθαρχία μπορεί να είναι σημαντικά πλεονεκτήματα, αλλά δεν καλύπτουν όλα τα μέσα που απαιτούνται για τη σωστή διαχείριση και βελτίωση μιας διαδικασίας. Το Έξι Σίγμα συνδυάζει μια σειρά από συμπληρωματικούς τομείς και δεν παραμελεί σε καμία περίπτωση την ανθρώπινη πτυχή, η οποία αποτελεί τόσο παράγοντα (εργαζόμενοι εντός της επιχείρησης) όσο και στόχο (πελάτες που πρέπει να ικανοποιηθούν). Η πτυχή αυτή συχνά παραβλέπεται κατά τις εφαρμογές εντός μιας επιχείρησης. είναι

- **Συνειδητοποιήστε ότι η μείωση του κόστους είναι μόνο ένα βήμα της διαδικασίας βελτίωσης.** Το Έξι Σίγμα δεν συνίσταται στον προγραμματισμό της μείωσης του κόστους για στρατηγικούς σκοπούς. Αντιθέτως, η μέθοδος αυτή προασπίζεται την αποδοτικότητα και την αποτελεσματικότητα, επανατοποθετώντας τους στόχους της εταιρείας στις προσδοκίες των πελατών, αντί μιας λογιστικής προσέγγισης που υπολογίζει τα γνωστά κόστη και παραμελεί τον αντίκτυπο στον πελάτη.

- **Φροντίστε να συμπεριλάβετε τη βελτίωση στις περιγραφές θέσεων εργασίας.** Δεν είναι πάντα εύκολο να μεταρρυθμίσετε μια διαδικασία σε μια εταιρεία προκειμένου να εφαρμόσετε το Έξι Σίγμα. Οι υπάλληλοι ή οι εργαζόμενοι συχνά αισθάνονται ότι δεν έχουν χρόνο για μια τέτοια επαναξιολόγηση και πιστεύουν ότι ήδη αφιερώνουν αρκετό χρόνο στην εταιρεία. Ωστόσο, αυτό το "πλεόνασμα" του χρόνου που αφιερώνουν στην εργασία τους για την εταιρεία συχνά οφείλεται σε αναποτελεσματικότητα και αναποτελεσματικότητα. Αυτό δεν προέρχεται απαραίτητα από την απροθυμία του εργαζομένου, αλλά μάλλον από την ίδια τη διαδικασία.

- **Να θυμάστε ότι η δυναμική της ομάδας είναι μια από τις κύριες αιτίες αποτυχίας του έργου.** Αν και φαίνεται εύκολο να διαχειριστείτε τη δυναμική της ομάδας, αυτή είναι μια από τις κύριες πηγές αποτυχίας. Επομένως, είναι σημαντικό να οικοδομηθούν στέρεα θεμέλια. Για να γίνει αυτό, ο διαχειριστής του έργου πρέπει να εξηγήσει με σαφήνεια τα μέσα και τα έξω του έργου. Η εποπτεία των συναντήσεων, ο καθορισμός της ημερήσιας διάταξης και ο καθορισμός των αντίστοιχων ρόλων και αρμοδιοτήτων αποτελούν σημεία εκκίνησης για να διασφαλιστεί ότι το έργο δεν θα ξεκινήσει σε σαθρό έδαφος.

- **Σκεφτείτε ότι οι Μαύρες Ζώνες δεν είναι πλήρως υπεύθυνοι για τις προσπάθειες.** Οι Μαύροι Ζώνες προορίζονται να είναι ηγέτες ομάδων. Όπως εξηγήθηκε παραπάνω, είναι συνήθως άτομα που έχουν εκπαιδευτεί στη χρήση εργαλείων και τεχνικών βελτίωσης – σχεδόν σαν επιχειρησιακοί ηγέτες. Ο κίνδυνος έγκειται στο γεγονός ότι όλοι (συμπεριλαμβανομένων των ηγετών της εταιρείας) διαχωρίζουν τον εαυτό τους από τις ευθύνες του έργου, καθώς φαντάζονται ότι οι εγχώριοι εμπειρογνώμονες είναι εκεί για να δρομολογήσουν το Έξι Σίγμα. Ωστόσο, η εύρυθμη λειτουργία μιας εταιρείας προέρχεται από την ομαδική εργασία και εμπλέκονται όλες οι ιεραρχικές διοικητικές θέσεις.

- **Θεωρήστε το Six Sigma ως βελτίωση της συνέχειας.** Μία από τις αρχές της μεθόδου είναι να εργάζεται κανείς σε συνέχεια και να εξασφαλίζει συνεχώς μια ποιοτική διαδικασία, και όχι να σχηματίζει μια ομάδα υπεύθυνη για το Έξι Σίγμα μόλις προκύψει ένα πρόβλημα αναποτελεσματικότητας ή αναποτελεσματικότητας στην εταιρεία.

- **Σκεφτείτε τη διοίκηση ως ενεργό παίκτη.** Για να λειτουργήσει το Έξι Σίγμα, οι ηγέτες της εταιρείας πρέπει να λερώσουν τα χέρια τους και να θεωρήσουν τους εαυτούς τους συμμετέχοντες στο έργο της εταιρείας. Η ανώτερη διοίκηση γνωρίζει ότι το πολιτισμικό φαινόμενο αποτελεί σημαντικό στοιχείο στη διοίκηση των επιχειρήσεων. Ένα από τα δυνατά σημεία του Έξι Σίγμα είναι ότι ενθαρρύνει μια ενεργητική στάση σε όλα τα ιεραρχικά επίπεδα.

- **Να είστε ενήμεροι για τις αλλαγές στη διαχείριση των επιχειρήσεων.** Εάν οι αλλαγές σε στρατηγικό επίπεδο δεν τύχουν καλής διαχείρισης από την επιχείρηση, τα πιθανά αποτελέσματα θα παραμείνουν χαμηλά.

ΣΧΕΤΙΚΑ ΜΟΝΤΕΛΑ ΚΑΙ ΕΠΕΚΤΑΣΕΙΣ

Λιτό Έξι Σίγμα (LSS)

Το Lean Six Sigma (LSS) είναι μια επέκταση του Six Sigma που αποκτά ολοένα και μεγαλύτερη σημασία. Επικεντρώνεται περισσότερο στη διαδικασία παραγωγής, ενώ το Έξι Σίγμα επικεντρώνεται κυρίως στο ίδιο το προϊόν. Αυτό το σχετικό μοντέλο σας επιτρέπει να μειώσετε το χρόνο εργασίας και τις περιόδους αναμονής που απαιτούνται για τη δημιουργία μιας πιο αποτελεσματικής διαδικασίας.

Οι στρατηγικοί στόχοι αυτού του μοντέλου είναι:

- αύξηση της προστιθέμενης αξίας των εργασιών διεργασιών,

- μείωση του χρόνου και του κόστους της διαδικασίας με την εξάλειψη δραστηριοτήτων χωρίς προστιθέμενη αξία,

- καθιστώντας τις διαδικασίες πιο ρευστές,

- βελτίωση της ποιότητας των προϊόντων σύμφωνα με τους πελάτες,

- ενθάρρυνση της ανάπτυξης μιας κουλτούρας συνεχούς βελτίωσης εντός της εταιρείας.

Οι κύριοι τομείς δράσης είναι:

- τον ορισμό της αξίας και τον προσδιορισμό των βημάτων που τη δημιουργούν,

- εντοπισμός και εξάλειψη της σπατάλης και του κρυφού κόστους,

- έλεγχος των πηγών διακύμανσης ακολουθώντας τα βήματα της διαδικασίας.

Διαχείριση ολικής ποιότητας (TQM)

Η Διοίκηση Ολικής Ποιότητας είναι μια παλαιότερη προσέγγιση διαχείρισης ποιότητας από το Έξι Σίγμα. Κοινός στόχος τους είναι η κινητοποίηση ολόκληρης της εταιρείας για την επίτευξη τέλειας ποιότητας με παράλληλη μείωση της σπατάλης και βελτίωση του τελικού προϊόντος μέσω της απόδοσης. Η ΔΟΠ επικεντρώνεται στον πελάτη – ικανοποίηση και αφοσίωση – αν και η πρακτική του ποιοτικού ελέγχου και του αυτοελέγχου είναι απαραίτητη εδώ.

Η μεθοδολογία του μοντέλου έχει ως εξής:

- **Σχέδιο.** Ανάπτυξη στρατηγικών στόχων και σχεδίων βελτίωσης του χρονοδιαγράμματος.

- **Κάνε.** Υλοποίηση και εφαρμογή βελτιωμένων διαδικασιών παραγωγής.

- **Ελέγξτε.** Ανάλυση της ικανοποίησης και έλεγχος της ποιότητας του προϊόντος.

- **Πράξη.** Διόρθωση του κόστους και της σπατάλης και έλεγχος των σταδίων παραγωγής.

Σύμφωνα με τον Αμερικανό διαχειριστή έργων Frank Anbari, το Έξι Σίγμα είναι πιο πλήρες και ολοκληρωμένο από το TQM, επειδή παρέχει οικονομικά αποτελέσματα και συνδυάζει προηγμένα εργαλεία ανάλυσης και διαχειριστικές μεθόδους. Συνοψίζει επίσης τη σχέση μεταξύ των δύο μεθοδολογιών: Six Sigma = TQM + εστίαση στον πελάτη + συμπληρωματικά εργαλεία ανάλυσης δεδομένων + οικονομικά αποτελέσματα + διαχείριση έργου.

ΠΡΑΚΤΙΚΗ ΕΦΑΡΜΟΓΗ

ΣΥΜΒΟΥΛΕΣ ΚΑΙ ΚΟΡΥΦΑΙΕΣ ΣΥΜΒΟΥΛΕΣ

Θα εφαρμόσουμε τώρα τη μεθοδολογία DMAIC, που περιγράφεται παραπάνω, για να απεικονίσουμε πρακτικά τη συμβολή της σε μια εταιρεία. Για να ξεκινήσει μια εταιρεία έναν στρατηγικό μετασχηματισμό όπως το Six Sigma, πρέπει να ενσωματώσει αποτελεσματικά τα ακόλουθα πέντε βήματα ως οδηγό.

- **Καθορίστε τον στόχο για την επίτευξη βελτίωσης.** Αυτό το βήμα σας επιτρέπει να καθοδηγήσετε την ομάδα έτσι ώστε όλα τα μέλη να κινούνται προς την ίδια κατεύθυνση. Υποστηρίζει επίσης την ανάλυση των δεσμών μεταξύ των διαφόρων σταδίων της διαδικασίας και, ως εκ τούτου, την εργασία για τη βελτίωση του προϊόντος, τον προσδιορισμό των αναγκών των πελατών και την εκτίμηση των αναμενόμενων αποτελεσμάτων. Είναι σημαντικό να ορίζεται το έργο αντικειμενικά, ποσοτικοποιώντας το με μια βάση δεδομένων. Η φάση της συλλογής δεδομένων είναι ένα κρίσιμο βήμα, διότι χρησιμεύει ως βάση εργασίας για ολόκληρο το έργο.

- **Μετρήστε τον τρέχοντα μέσο όρο παραγωγής.** Είναι ζωτικής σημασίας να μετρηθεί τι είναι ικανή να παράγει η διαδικασία και να αξιολογηθεί ο αριθμός των ελαττωμάτων. Έτσι, οι Μαύρες Ζώνες γνωρίζουν τη συχνότητα των ελαττωμάτων και κάνουν συγκρίσεις με τον ανταγωνισμό. Είναι σημαντικό να επικεντρωθούμε στα βασικά στοιχεία της διαδικασίας, δηλαδή σε εκείνα που έχουν τη μεγαλύτερη επιρροή στην ποιότητα. Αυτό το βήμα καθιστά δυνατή τη μέτρηση του σίγμα, της τυπικής απόκλισης της διαδικασίας, η οποία είναι χρήσιμη για να δούμε τη διαφορά μεταξύ του τρέχοντος μέσου όρου και του στόχου, του τέλειου μέσου όρου που πρέπει να επιτευχθεί.

- **Αναλύστε περαιτέρω για να εντοπίσετε τι προκαλεί το κενό.** Τα στοιχεία που λαμβάνονται αναλύονται προκειμένου να αξιολογηθεί η απόδοση των διαδικασιών σε σχέση με την ικανότητά τους και με το τι κάνουν οι ανταγωνιστές. Σκοπός αυτού του βήματος είναι να υπολογιστούν τα κενά απόδοσης (δηλαδή οι διαφορές μεταξύ αυτού που γίνεται σήμερα και αυτού που μπορεί να γίνει στο μέλλον). Επομένως, πρέπει να αναλύσουμε τις μετρήσεις που λαμβάνονται, να αναζητήσουμε τις αιτίες που τις προκαλούν, να τις επικυρώσουμε κ.λπ.

- **Καινοτομήστε για να συμπληρώσετε την τυπική απόκλιση και να μετακινήσετε το μέσο όρο.** Κατά τη διάρκεια αυτού του βήματος, πρέπει να προταθούν πιθανές λύσεις προκειμένου να καλυφθούν τα κενά που υπάρχουν στη διαδικασία και να ανταποκριθούν περισσότερο στις προσδοκίες απόδοσης των πελατών.

- **Έλεγχος των νέων επιδόσεων όσον αφορά την ποιότητα.** Κατά τη διάρκεια αυτού του τελευταίου σταδίου, πρέπει να γίνονται τελικοί έλεγχοι για να διατηρηθεί το επίπεδο ποιότητας που έχει επιτευχθεί και να εξασφαλιστεί μια αποτελεσματική και συνεχής διαδικασία ανάπτυξης. Για να γίνει αυτό, οι Μαύρες Ζώνες εφαρμόζουν ορισμένες ενέργειες για να διατηρήσουν τα πρόσφατα εγκατεστημένα βασικά στοιχεία της ροής εργασίας. Θα πρέπει επίσης να ελέγχουν ότι οι ομάδες ακολουθούν σωστά τη διαδικασία, να μετρούν τα αποτελέσματα και να επικυρώνουν τη λειτουργία του σχεδίου. Εάν προκύψει ένα νέο ζήτημα, οι Black Belts και οι ομάδες τους πρέπει να είναι σε θέση να ανακάμψουν και να επανασχεδιάσουν τη διαδικασία αμέσως.

Για να συνοψίσουμε όλα αυτά τα βήματα, πρέπει να ορίσετε το έργο, να μετρήσετε την τρέχουσα απόδοση, να εντοπίσετε τα προβλήματα μέσω της ανάλυσης, να καινοτομήσετε μέσω σχετικών λύσεων και να ελέγξετε την αναδιαμορφωμένη διαδικασία για να διασφαλίσετε ότι το πρόβλημα έχει πραγματικά επιλυθεί.

 ## ΚΑΛΟ ΕΙΝΑΙ ΝΑ ΓΝΩΡΙΖΕΤΕ

Σύμφωνα με τον Αμερικανό οικονομολόγο George Eckes, για να πραγματοποιηθεί σωστά ο στρατηγικός μετασχηματισμός της ποιότητας και να διαχειριστεί αποτελεσματικά η διαδικασία, είναι χρήσιμο να εξεταστούν οκτώ πρακτικά βήματα:

να καθορίσουν από κοινού μια συμφωνία στρατηγικών στόχων,

δημιουργήστε γενικές διαδικασίες, βασικές επιμέρους διαδικασίες και διαδικασίες εφαρμογής,

διορίστε τις μαύρες ζώνες των διαδικασιών,

να καθιερώσετε μια στρατηγική στην οποία οι διάφορες ομάδες θα καθορίζουν τα βήματα και τους στόχους καθ' όλη τη διάρκεια της διαδικασίας,

συλλέγει τα απαραίτητα δεδομένα για τον επιλεγμένο πίνακα αποτελεσμάτων, καθορίζουν τα κριτήρια επιλογής του έργου,

επιλέγουν έργα με βάση αυτά τα κριτήρια,

να διαχειρίζεστε συνεχώς τη διαδικασία για την επίτευξη των στρατηγικών στόχων της εταιρείας.

ΜΕΛΕΤΗ ΠΕΡΙΠΤΩΣΗΣ

Το έργο της εταιρείας Χ περιλαμβάνει τη βελτίωση ενός εργαλείου υποστήριξης αποφάσεων (βάση δεδομένων) για τους πωλητές, ώστε να μπορούν να κάνουν προβλέψεις πωλήσεων.

Ορισμός έργου και φορείς του έργου

Το έργο αυτό υλοποιείται επειδή πολλοί πωλητές είναι δυσαρεστημένοι με αυτή τη βάση δεδομένων, η οποία θεωρείται αναξιόπιστη λόγω έλλειψης ενημερώσεων. Το εργαλείο δεν τους επιτρέπει να προβλέπουν σωστά τις πωλήσεις. Διεξάγονται πολυάριθμες συνεντεύξεις και μελέτες για τον καθορισμό του έργου, καθώς και των κύριων φορέων:

- Προτεραιότητα δίνεται στον εντοπισμό του προβλήματος και των διαδικασιών που απαιτούνται για τη βελτίωση του εργαλείου υποστήριξης αποφάσεων. Στην περίπτωσή μας, πρόκειται για την εξεύρεση ενός αξιόπιστου τρόπου πρόβλεψης των μελλοντικών οικονομικών διακυβευμάτων.

- Ένα εργαλείο που ονομάζεται "ανάλυση των ενδιαφερομένων μερών" (το οποίο προέρχεται από την εκπαιδευτική ενότητα της ΕΕ για την τεχνική συνεργασία και τη συνηγορία) σας επιτρέπει να δημιουργήσετε ένα πρότυπο, τοποθετώντας τους διάφορους φορείς ή/και τμήματα: οικονομικό τμήμα, τμήμα πωλήσεων και τμήμα πληροφορικής. Το υπόδειγμα που παρουσιάζεται με ένα πλέγμα οργανώνει τους ενδιαφερόμενους φορείς ανάλογα με τα συμφέροντα και τη δύναμή τους (από χαμηλά προς υψηλά) και καθορίζει τη στάση, την επιρροή και τη σημασία τους όσον αφορά τον στόχο.

Επιπλέον, για την επιτυχή υλοποίηση του έργου, η εταιρεία πρέπει επίσης να πείσει ορισμένα τμήματα – συμπεριλαμβανομένου του τμήματος πληροφορικής – τα οποία είναι απρόθυμα και θεωρούν ότι αυτό είναι ένα περιττό βήμα.

Μέτρηση και ανάλυση της ικανότητας της διαδικασίας

Προτού μπορέσετε να ορίσετε μια νέα διαδικασία, η ομάδα πρέπει να αναλάβει την ευθύνη για τη βάση δεδομένων και να καταγράψει τις διαθέσιμες πληροφορίες και τα βήματα, και στη συνέχεια να διερευνήσει την πιθανή προστιθέμενη αξία του ιδανικού εργαλείου. Με άλλα λόγια, πρέπει να γίνει ανάλυση ανάλογα με τα προϊόντα, τη σειρά προϊόντων, την ημερομηνία πώλησης κ.λπ. προκειμένου να εντοπιστούν τα κενά και να βελτιωθεί η ποιότητα των δεδομένων.

Στη συνέχεια, πρέπει να βρούμε εσωτερικά πληροφορίες (πωλήσεις, απογραφή, ποιότητα προϊόντων κ.λπ.) που αποτελούν ένα επαρκώς αντιπροσωπευτικό μέρος της διαδικασίας βελτίωσης, ώστε να επιτύχουμε ανώτερες επιδόσεις όσον αφορά την ποιότητα των δεδομένων. Η ομάδα που εργάζεται στο έργο εξάγει 100 παρτίδες δεδομένων προκειμένου να τα αναλύσει και να ελέγξει με τις ομάδες πωλήσεων ποια από αυτά είναι αναμφισβήτητα αξιόπιστα.

Με τον τρόπο αυτό καθορίζεται ένα δείγμα που αντιστοιχεί σε αντιπροσωπευτικό μέρος του συνολικού πληθυσμού της χώρας όπου βρίσκεται η επιχείρηση, προκειμένου να παρατηρηθεί η πραγματικότητα επί τόπου. Έτσι, για αρκετές ημέρες, οι Black Belts συνεργάζονται με τις ομάδες πωλήσεων για να επαληθεύσουν χειροκίνητα τα δεδομένα και να τα συγκρίνουν με τα τιμολόγια. Τα ευρήματα δεν είναι άμεσα: μεταξύ των τιμολογίων μπορεί να υπάρχουν κάποια που λείπουν, διπλά ή κάποια που είναι λανθασμένα.

Στη συνέχεια, η ομάδα είναι υπεύθυνη για τον προσδιορισμό της τρέχουσας απόδοσης και αυτής που πρέπει να επιτευχθεί μέσω νέων μέτρων που θα εφαρμοστούν μέσω του συστήματος Six Sigma. Συγκεκριμένα, στοχεύει σε διόρθωση 1,5 σίγμα, μεταβαίνοντας από 4,5 σε 6 σίγμα.

Βλέπουμε ότι η μετάβαση από το 4,5 στο 6 σίγμα προκαλεί σημαντική πτώση του ποσοστού ελαττωμάτων, φτάνοντας τελικά σε ποσοστό αξιοπιστίας 99,99% (δηλαδή το περίφημο ποσοστό ελαττωμάτων 3,4 ελαττώματα ανά εκατομμύριο, εκφρασμένο σε όγκο παρακάτω).

Μετά τη μελέτη των δεδομένων, οι εμπειρογνώμονες εντοπίζουν το κύριο ελάττωμα που επηρεάζει την ποιότητα των δεδομένων, δηλαδή τον ακατάλληλο χειρισμό του εργαλείου από τους πωλητές. Αυτό οφείλεται σε μια σειρά παραγόντων:

• πάρα πολλοί άνθρωποι μπορούν να κωδικοποιήσουν πληροφορίες, αλλά δεν καθορίζεται καμία ευθύνη,

• πολλοί παρατηρούν έλλειψη ενδιαφέροντος και παραπληροφόρηση.

Η βάση δεδομένων, όντας σχετικά πολύπλοκη, υποφέρει από τις αλλαγές στις βάρδιες και την ανακριβή χρήση της από άτομα που δεν είναι εκπαιδευμένα σε αυτού του είδους τα εργαλεία. Στη συνέχεια μέτρησαν τις ευκαιρίες ή τις πηγές σφαλμάτων:

• ανίκανοι άνθρωποι που εισάγουν πληροφορίες,

• λανθασμένα κωδικοποιημένα δεδομένα.

Συστάσεις

Ακολουθούν οι προτεινόμενες λύσεις:

• να καθιερώσετε συνεδρίες πρόσβασης στη βάση δεδομένων και να προσδιορίσετε τα άτομα που μπορούν να επωφεληθούν από αυτές,

• να καταστήσετε ορισμένα πεδία υποχρεωτικά για τους εμπλεκόμενους.

Για να εφαρμοστούν αυτές οι συστάσεις, απαιτείται αναπροσανατολισμός των ομάδων: μόνο η ομάδα των πωλητών έχει πρόσβαση στη βάση δεδομένων, ενώ η ομάδα πληροφορικής είναι υπεύθυνη για τον καθορισμό των απαιτούμενων πεδίων από τους χρήστες (πωλητές). Στη συνέχεια, η ομάδα πληροφορικής εφαρμόζει γρήγορα τα απαιτούμενα εργαλεία, ενώ η ομάδα πωλήσεων είναι πιο επιφυλακτική. Στη συνέχεια, ο διευθυντής της ομάδας πληροφορικής παρέχει ένα σύστημα κινήτρων που ισοδυναμεί με δοκιμή (σε διάστημα δύο μηνών), η οποία θα εντοπίσει τον καλύτερο πωλητή (εκείνον του οποίου η ποιότητα της κωδικοποιημένης ημερομηνίας είναι καλύτερη) και θα τον ανταμείψει με πριμοδότηση.

ί, λαμβάνονται μέτρα για την επαλή-
; αυτής της νέας μεθόδου κωδικοποίη-
ιξύ αυτών, υπάρχουν πολλά στατιστικά
ος όρος και η τυπική απόκλιση). Αυτό το
τελευταίο μέρος, το οποίο είναι πολύ σημαντικό, συχνά παρα-
βλέπεται λόγω έλλειψης χρόνου, γεγονός που υπονομεύει
πολλά αρχικά καλά εκτελεσμένα έργα.

ΠΕΡΙΛΗΨΗ

- Το Έξι Σίγμα είναι μια στατιστική προσέγγιση για τις επιχειρήσεις. Θέτει τους πελάτες στο επίκεντρο της προσοχής, προκειμένου να τους προσελκύσει με τη βελτίωση της ποιότητας των προϊόντων.

- Υπάρχουν τρεις προτεραιότητες: πελάτες, εργαζόμενοι και διαδικασίες.

- Εδώ και τριάντα χρόνια, εταιρείες όπως η Motorola, η General Electric, η Kodak και η SFR χρησιμοποιούν το Six Sigma για να βελτιωθούν και να αποκτήσουν ή να διατηρήσουν ανταγωνιστικό πλεονέκτημα.

- Όταν επιτυγχάνεται ο στόχος του Six Sigma, πράγμα που στην πράξη δεν συμβαίνει, υπάρχει σχεδόν τέλεια βαθμολογία αξιοπιστίας: 3,4 ελαττώματα ανά ένα εκατομμύριο ευκαιρίες ελαττωμάτων (δηλαδή 99,99% αξιοπιστία).

- Η φιλοσοφία του Six Sigma ενθαρρύνει μια συνεχή επανεκτίμηση που διατηρείται με την πάροδο του χρόνου (αδιάκοπη επιδίωξη της τελειότητας).

- Για να είναι επιτυχής η εφαρμογή της μεθόδου πρέπει να συμμετέχει ολόκληρη η επιχείρηση.

- Το Έξι Σίγμα μπορεί να αποτύχει αν εξετάσετε μόνο τις τεχνικές πτυχές (μείωση του κόστους κ.λπ.).

- Εάν η αλλαγή δεν διαχειριστεί σωστά στην εταιρεία, τα πιθανά αποτελέσματα παραμένουν χαμηλά.

- Το Lean Six Sigma είναι μια επέκταση της μεθόδου που επικεντρώνεται περισσότερο στη διαδικασία παραγωγής.

- Εάν θέλετε να διασφαλίσετε την επιτυχία της προσέγγισης, είναι σημαντικό να ακολουθήσετε προσεκτικά τα βήματα της μεθοδολογίας DMAIC.

ΠΕΡΑΙΤΕΡΩ ΑΝΑΓΝΩΣΗ

ΒΙΒΛΙΟΓΡΑΦΙΑ

Ait Belkacem, E. H. (2005) *Puissance Six Sigma*. Paris: Dunod.

Atmaca, E. and Gineres, S. S. (2013) Lean Six Sigma Methodology and Application. *Ποιότητα & Ποσότητα*. 47(4).

Berger, A. (2002) Six Sigma : un échelon en plus de la productivité ? *Dossier technique des pays de Savoie*.

Eckes, G. (2001) *Objectif Six Sigma. La révolution dans la qualité*. Paris: Paris: Pearson.

Kwak, Y. H. and Anbari, F. T. (2006) Οφέλη, εμπόδια και μέλλον της προσέγγισης Six Sigma. *Technovation*. 6(5-6).

Larson, A. (2003) *Demystifying Six Sigma: Sigma: Μια προσέγγιση της συνεχούς βελτίωσης σε όλη την εταιρεία*. Amacon: American Management Association.

Linderman, K., Schroeder, R. G., Zaher, S. and Choo, A. S. (2003) Six Sigma : a Goal-Theoretic Perspective. *Journal of Operation Management*. 21(2).

Pande, P. S., Neuman, R. P., and Cavanagh, R. R. (2000) *The Six Sigma Way. Πώς η GE, η MOTOROLA και άλλες κορυφαίες εταιρείες βελτιώνουν τις επιδόσεις τους*. New-York: New-York: McGraw-Hill Companies.

Truscott, W. T. (2003) *Six Sigma: Σίγμα: Συνεχής βελτίωση για τις επιχειρήσεις*. Οξφόρδη: Butterworth Heinemann.

Θέλουμε να σας ακούσουμε!
Αφήστε ένα σχόλιο για την ηλεκτρονική σας βιβλιοθήκη
και μοιραστείτε τα αγαπημένα σας βιβλία στα μέσα κοινωνικής δικτύωσης!

IMPROVE YOUR GENERAL KNOWLEDGE

IN THE BLINK OF AN EYE!

www.50minutes.com

Μετά τη δοκιμή αυτή, λαμβάνονται μέτρα για την επαλήθευση της αξιοπιστίας αυτής της νέας μεθόδου κωδικοποίησης δεδομένων. Μεταξύ αυτών, υπάρχουν πολλά στατιστικά εργαλεία (όπως ο μέσος όρος και η τυπική απόκλιση). Αυτό το τελευταίο μέρος, το οποίο είναι πολύ σημαντικό, συχνά παραβλέπεται λόγω έλλειψης χρόνου, γεγονός που υπονομεύει πολλά αρχικά καλά εκτελεσμένα έργα.

ΠΕΡΙΛΗΨΗ

- Το Έξι Σίγμα είναι μια στατιστική προσέγγιση για τις επιχειρήσεις. Θέτει τους πελάτες στο επίκεντρο της προσοχής, προκειμένου να τους προσελκύσει με τη βελτίωση της ποιότητας των προϊόντων.

- Υπάρχουν τρεις προτεραιότητες: πελάτες, εργαζόμενοι και διαδικασίες.

- Εδώ και τριάντα χρόνια, εταιρείες όπως η Motorola, η General Electric, η Kodak και η SFR χρησιμοποιούν το Six Sigma για να βελτιωθούν και να αποκτήσουν ή να διατηρήσουν ανταγωνιστικό πλεονέκτημα.

- Όταν επιτυγχάνεται ο στόχος του Six Sigma, πράγμα που στην πράξη δεν συμβαίνει, υπάρχει σχεδόν τέλεια βαθμολογία αξιοπιστίας: 3,4 ελαττώματα ανά ένα εκατομμύριο ευκαιρίες ελαττωμάτων (δηλαδή 99,99% αξιοπιστία).

- Η φιλοσοφία του Six Sigma ενθαρρύνει μια συνεχή επανεκτίμηση που διατηρείται με την πάροδο του χρόνου (αδιάκοπη επιδίωξη της τελειότητας).

- Για να είναι επιτυχής η εφαρμογή της μεθόδου πρέπει να συμμετέχει ολόκληρη η επιχείρηση.

- Το Έξι Σίγμα μπορεί να αποτύχει αν εξετάσετε μόνο τις τεχνικές πτυχές (μείωση του κόστους κ.λπ.).

- Εάν η αλλαγή δεν διαχειριστεί σωστά στην εταιρεία, τα πιθανά αποτελέσματα παραμένουν χαμηλά.

- To Lean Six Sigma είναι μια επέκταση της μεθόδου που επικεντρώνεται περισσότερο στη διαδικασία παραγωγής.

- Εάν θέλετε να διασφαλίσετε την επιτυχία της προσέγγισης, είναι σημαντικό να ακολουθήσετε προσεκτικά τα βήματα της μεθοδολογίας DMAIC.

ΠΕΡΑΙΤΕΡΩ ΑΝΑΓΝΩΣΗ

ΒΙΒΛΙΟΓΡΑΦΙΑ

Ait Belkacem, E. H. (2005) *Puissance Six Sigma*. Paris: Dunod.

Atmaca, E. and Gineres, S. S. (2013) Lean Six Sigma Methodology and Application. *Ποιότητα & Ποσότητα*. 47(4).

Berger, A. (2002) Six Sigma : un échelon en plus de la productivité ? *Dossier technique des pays de Savoie.*

Eckes, G. (2001) *Objectif Six Sigma. La révolution dans la qualité*. Paris: Paris: Pearson.

Kwak, Y. H. and Anbari, F. T. (2006) Οφέλη, εμπόδια και μέλλον της προσέγγισης Six Sigma. *Technovation*. 6(5-6).

Larson, A. (2003) *Demystifying Six Sigma: Sigma: Μια προσέγγιση της συνεχούς βελτίωσης σε όλη την εταιρεία*. Amacon: American Management Association.

Linderman, K., Schroeder, R. G., Zaher, S. and Choo, A. S. (2003) Six Sigma : a Goal-Theoretic Perspective. *Journal of Operation Management*. 21(2).

Pande, P. S., Neuman, R. P., and Cavanagh, R. R. (2000) *The Six Sigma Way. Πώς η GE, η MOTOROLA και άλλες κορυφαίες εταιρείες βελτιώνουν τις επιδόσεις* τους. New-York: New-York: McGraw-Hill Companies.

Truscott, W. T. (2003) *Six Sigma: Σίγμα: Συνεχής βελτίωση για τις επιχειρήσεις*. Οξφόρδη: Butterworth Heinemann.

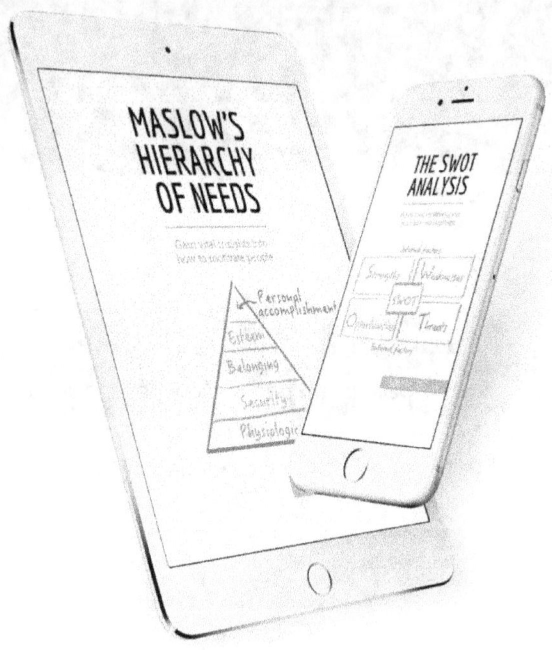

50MINUTES.com

Κύριο ISBN: 9782808600408
ISBN: 9782808601856
Νόμιμη κατάθεση: D/2022/12603/186

Ψηφιακός σχεδιασμός: Primento,
ο ψηφιακός συνεργάτης των εκδοτών.